TITON

ET
L'AURORE,

PASTORALE-HÉROÏQUE,

REPRÉSENTÉE,

POUR LA PREMIERE FOIS,

PAR L'ACADEMIE-ROYALE
DE MUSIQUE

Le Mardi 9 Janvier 1753.

Remise au Théâtre le Mardi 22 Février 1763.

PRIX XXX. SOLS.

AUX DÉPENS DE L'ACADÉMIE.

A PARIS, Chés DE LORMEL, Imprimeur de ladite Académie, rue du Foin, à l'Image Sainte Genevieve.

On trouvera des Livres de Paroles à la Salle de l'Opera.

M. DCC. LXIII.

AVEC APPROBATION ET PRIVILEGE DU ROI.

La *Musique* est de M. MONDONVILLE.

ACTEURS CHANTANTS

DANS LES CHŒURS.

Côté du Roi.		Côté de la Reine.	
Mesdemoiselles.	*Messieurs.*	*Mesdemoiselles.*	*Messieurs.*
La croix.	Le Page.	D'alliere.	Albert.
Durand.	Delvaux.	Maffont.	L'Écuyer.
Fontenet.	Chicot.	Salaville.	Tourcaty.
Delor.	Vaudemont.	Lachantrie.	Cailteau.
Roublot.	Scelle.	Villanfin.	Chappotin.
Guillaume.	Rofe.	Adélaïde.	Favier.
Duplant.	Robin.	Beauvais.	Feret.
de Valbert.	Antheaume.		Du Perrier.
Héry.	Dupar.		Boy.
	Marcou.		Laurent.

4

ACTEURS
DU PROLOGUE.

Prométhée,   M^r. L'arrivée.
L'AMOUR,   Mlle. Bernard.
ESPRISTS DE LA SPHERE DU FEU.
LES STATUES *qu'on anime.*
Suite de L'AMOUR, *les* GRACES, *les* RIS, *les*
JEUX *& les* PLAISIRS.

PERSONNAGES DANSANTS.
ESPRITS DU FEU.
M^r. D'AUBERVAL.
M^{rs}. GROSSET, COMPIONI.
M^{rs}. Lelievre, Hiacinte, Trupti, Riviere,
Rogier, Lani, c.

SUITE DE L'AMOUR.
GRACES.
Mlles. REI, DUMONCEAU, PETITOT.
RIS, JEUX & PLAISIRS.
M^{rs}. Dubois, Gougi, Hamoche, c., Doſſion,
Mlles. Demiré, Saron, Baſſe, Lozange.

PROLOGUE.

Le Théâtre repréſente le Palais de PROMÉTHÉE, orné de Statues d'hommes & de femmes en différentes attitudes.

SCÉNE PREMIERE.
PROMÉTHÉE.

Dieux, ne connoiſſés-vous d'autre félicité
    Qu'une éternelle indifférence ?
    Votre honteuſe oiſiveté
    Déshonore votre puiſſance.

Feſons de leur repos rougir les Immortels !
    Du feu des Cieux je me ſuis rendu maître ;
    C'eſt par moi que l'homme va naître,
    C'eſt à moi ſeul qu'il devra des autels.

Efprits, foûmis à mon empire,
Que ce peuple s'anime & vive par vos feux;
Qu'aujourd'hui l'argile refpire,
Volés, volés, foyés auffi promts que mes vœux!

*(Les Efprits du feu volent de toutes parts & fecouent
leurs flambeaux fur les Statues.)*

Soyés de l'Univers le plus parfait ouvrage,
Ouvrés les yeux, connoiffés-vous.

(Les Statues s'animent.)

Chantés, Mortels, goûtés votre nouveau partage :
Que les Dieux vont être jaloux
De la beauté de leur image !

LES STATUES animées.

Quelle clarté brille à nos yeux,
Et quel feu divin nous enflâme !
Quelle main nous a faits? Que fommes-nous, o Cieux ?
Les defirs & l'efpoir naîffent avec notre âme.

PROMÉTHÉE.

Vous, dont l'obéiffance a rempli mes fouhaits,
Habitants fortunés de la Sphère brûlante,
Venés, qu'une fête brillante
Célébre nos bienfaits.

(Les Efprits du feu forment le Divertiffement.)
(On entend un Prélude.)

PROMÉTHÉE.

Quelle agréable mélodie !

Mortels, c'eſt le Dieu des Amours.

Deſtinés-lui vos plus beaux jours :

Vous ſentirés bien mieux de quel prix eſt la vie,

Si ſon flambeau divin en éclaire le cours.

(*L'AMOUR deſcend dans un nuage.*)

SCÊNE II.

PROMETHÉE, L'AMOUR, *Suite de L'AMOUR,*

MORTELS.

L'AMOUR à PROMÉTHÉE.

LOrſque des Éléments j'ai terminé la guerre,

Tout l'Univers eſt né de mon commandement :

Mais envain du cahos j'avois tiré la Terre,

Il t'étoit réſervé d'en former l'ornement.

PROMÉTHÉE.

Regne ſur les Mortels que mon art a fait naître :

C'eſt à l'Amour, c'eſt aux tendres deſirs,

C'eſt aux Grâces, c'eſt aux Plaiſirs

De leur donner un nouvel être.

L'*A M O U R.*

Pour mieux affûrer leur bonheur,
Réuniffons notre puiffance :
Ils te devront leur éxiftence,
Mais ils m'en devront la douceur.

Qu'on ne parle que de ta gloire,
P R O M É T H É E.

Qu'on ne chante que ta victoire,

L'*A M O U R.*
Célébrés l'auteur de vos jours.
P R O M É T H É E.
Célébrés le Dieu des Amours.
L E   *C H Œ U R.*
Qu'on ne chante que fa victoire,
Qu'on ne parle que de fa gloire ;
Célébrons le Dieu des Amours ;
Célébrons l'Auteur de nos jours.
L'*A M O U R, à fa Suite.*

Vous, qui de tant d'attraits embelliffés Cithere,
Formés les plus aimables jeux.
(*aux Mortels.*)
Mortels, apprenés l'art de plaire,
Vous n'en ferés que plus heureux.
On danfe.
L'*A M O U R.*

PROLOGUE.

l' A M O U R.

Jeunes Mortels, livrés vos âmes
Aux charmes de la volupté ;
Ce n'eſt qu'en brûlant de mes flâmes
Qu'un tendre cœur jouït de la félicité.

Ne craignés jamais les allarmes
Que peuvent cauſer les ſoûpirs ;
Si l'Amour fait verſer des larmes,
Il ſait les eſſuyer, par la main des plaiſirs.

On danſe.

l' A M O U R.

De l'Amour le pouvoir ſuprême,
Ne doit jamais vous allarmer.
Apprenés qu'un mortel, qui ſait ſe faire aimer,
Peut l'emporter ſur les Dieux même.

le C H Œ U R.

Célébrons le Dieu des Amours,
Qu'on ne chante que ſa victoire.
Célébrons l'Auteur de nos jours ;
Qu'on ne parle que de ſa gloire.

FIN DU PROLOGUE.

ACTEURS

DE LA PASTORALE.

TITON,	M^r. Pillot.
L'AURORE,	Mlle. L'arrivée.
ÉOLE,	M^r. Gélin.
PALÈS,	Mlle. Chevalier.
L'AMOUR,	Mlle. Bernard.
Une NIMPHE de la suite de PALÈS,	Mlle. Rivier.
AQUILLON,	M^r. Durand.
BORÉE,	M^r. Desentis.

BERGERS & BERGERES, PASTRES.

Suite de PALÈS, NIMPHES, FAUNES, SYLVAINS.

Suite de L'AMOUR, PLAISIRS, RIS & JEUX, VENTS.

PERSONNAGES DANSANTS.

ACTE PREMIER.

BERGERS & BERGERES.

M^r. GARDEL, Mlle. VESTRIS.

M^{rs}. Trupti, Dubois, Gougi, Rogier, Hamoche, c.
Doffion.

Mlles. Villette, Lacour, D'arci, Daché, Martaife,
Boufcarelle.

PASTRES & PASTOURELLES.

M^r. LANY.

Mlles. LYONNOIS, ALLARD.

M^{rs}. Cezeron, Bianqui.
Mlles. Cornu, Lahaie.

ACTE SECOND.

Premier Divertiffement.

VENTS.

M^r. LAVAL.

M^{rs}. Lelievre, Hiacinte, Trupti, Rogier,
Riviere, Lani, c.

B ij

Second Divertissement.

NIMPHES, FAUNES, SYLVAINS.

M^rs. DAUBERVAL, GROSSET.

Mlles. DUMONCEAU, PESLIN.

M^rs. Gougi, Compioni, Liesse, Armeri.

Mlles. Petitot, Siane, D'ornet, Contat.

ACTE TROISIEME.

PLAISIRS, RIS & JEUX.

Mlle. LANI.

M^r. LIONNOIS, Mlle. LIONNOIS.

M^r. GARDEL.

M^rs. GROSSET, COMPIONI.

Mlles. DUMONCEAU, REI.

M^rs. Lelievre, Hiacinte, Dubois, Rogier, Riviere, Lani, c.

Mlles. Demiré, Petitot, Saron, D'ornet, Lahaie, Lozange.

TITON

ET

L'AURORE,

PASTORALE-HÉROÏQUE.

ACTE PREMIER.

Le Théâtre représente des bois d'un côté, un hameau de l'autre, & dans le fond une campagne agréable.

SCÈNE PREMIERE.

(Tout le commencement de cette Scène se pâsse dans l'obscurité de la nuit.)

TITON, seul.

Que l'Aurore tarde à paroître !
De mes soupçons je ne suis plus le maître,
Hélas ! tout l'invite à changer.
Elle va devenir legere ;

Dans des nœuds plus brillants les Dieux vont l'engager.

Pourquoi n'eſt-elle pas bergere ?
Pourquoi ne ſuis-je que berger ?

(*Le jour paroît.*)

Que vois-je ? Quel éclat ? C'eſt-elle !

C'eſt l'Aurore !.. Fuyés ſoupçons , éloignés-vous.
Pardonne Amour ! je ſuis tendre & fidele ,
Il m'eſt permis d'être jaloux.

SCÊNE II.
TITON, L'AURORE.
TITON.

JE vous revois enfin , je revois tant de charmes !
Belle Déèſſe, mon bonheur
N'eſt-il pas un ſonge impoſteur ?
Ah ! ſur mes tendres allarmes ,
Daignés raſſûrer mon cœur.
La crainte d'un amant doit être pardonnable.

L'AURORE.

Qui peut vous allarmer ?

TITON.

Le trouble inféparable
D'une ſincere ardeur.

Ah, que le calme est difficile
Quand on est bien épris !
De votre amour je connois trop le prix,
Pour être amant tranquille.

L' A U R O R E.

Je n'aime, je ne vois, je ne cherche que vous :
Quoi, serés-vous toûjours injustement jaloux ?

Pour vous revoir plûtôt dans cette solitude,
J'abrege de la nuit la longue obscurité.

Ce tendre aveu, mille fois répété,
Doit bannir votre inquiétude.

T I T O N.

Votre cœur doit être flaté
Du sentiment qui le blesse ;
Il fait honneur à la beauté ;
Sans offenser la tendresse.

L' A U R O R E.

Qu'un amant trouve de raisons,
Pour faire excuser ses soupçons !
De ma constance enfin votre âme se défie ?

T I T O N.

Redoutables rivaux d'un berger amoureux,
Tous les Dieux vous offrent leurs vœux.

L'AURORE.

Et tous ces Dieux, ingrat, je vous les facrifie.

TITON.

Les deftins ont marqué la fin de nos amours ;
Ces Immortels vous aimeront toûjours :
Malgré tout mon bonheur, que je leur porte envie !

L'AURORE.

Si l'amour à le droit de conferver la vie,
Toûjours aimé, toûjours heureux,
Vous ferés immortel, comme eux,

ENSEMBLE.

Regne, Amour, dans nos âmes,
Lance tes traits vainqueurs ;
Épuife fur nos cœurs
Tes bienfaits & tes flâmes.

L'AURORE.

Bergers, foyés témoins de nos tendres foûpirs,
Venés me rendre hommage, en chantant nos plaifirs.

SCÊNE

SCÈNE III.

L'AURORE, TITON, BERGERS,
BERGERES, PASTRES,

On danse.

LE CHŒUR.

CÉlébrons l'Amour & l'Aurore;
De nos deftins nous leur devons le cours.
L'Aurore annonce les beaux jours,
C'eft l'Amour qui les fait éclore,

On danse,

TITON.

Votre cœur, aimable Aurore,
Eft fenfible à mes foûpirs.
Vous m'aimés, je vous adore,
L'Amour comble nos defirs.
Puiffent-ils s'accroître encore,
Par le charme des plaifirs!

On danse.

L'AURORE.

Venés fous ce riant feuillage,
Petits Oifeaux, volés, accourés tous.

C

Chantés le Dieu qui nous engage,
J'aime à le chanter avec vous.
Vous aimés sans être jaloux,
L'innocence est votre partage,
Vous êtes heureux comme nous.
Venés sous ce riant feuillage, &c.

On danse.

(*On entend un prélude.*)

Que vois-je, o Ciel ! Éole dans ces lieux !
Fuyons ses transports furieux.

SCÈNE IV.

ÉOLE, *seul.*

Vous me fuyés en vain ; ma trop juste colere
Me vengera bientôt d'un rival téméraire,

> Divinité des cœurs jaloux,
> Vengeance ! je t'implore.
> Ajoûte, s'il se peut encore,
> Aux noirs accès de mon courroux !

Qu'il en coûte aujourd'hui des larmes à l'Aurore,
> Fais tomber sous mes coups
> Cet amant qu'elle adore,
> Ce rival que j'abhorre.

> Divinité des cœurs jaloux,
> Vengeance ! je t'implore !

SCÈNE V.

ÉOLE PALÈS.

PALÈS.

ÉOle, quel sujet cause votre fureur ?
Venés-vous, Dieu cruël, au gré de votre rage,
Semer dans l'Univers l'épouvente & l'horreur ?

ÉOLE.

Je me lâsse d'offrir un inutile hommage ;
Ma vengeance poursuit deux coupables amants.
L'Aurore aime Titon ; témoin de leurs serments,
J'ai juré le trépas du mortel qui m'outrage.

PALÈS, *à part.*

O Ciel !

ÉOLE.

Que l'ingrate partage
Ou mon amour, ou mes tourments.

PALÈS.

A ce foible berger, vous ôterés la vie ?
Qu'elle va vous haïr !

ÉOLE.

Je veux le mériter.

P A L É S.

Il faut que l'Aurore l'oublie,
Et vous le ferés regretter.
Enlevés lui Titon ; mais, pour vous & pour elle,
De ſes premiers regrèts qu'elle ignore l'auteur.
Vous la plaindrés de perdre un amant ſi fidele,
C'eſt là le chemin de ſon cœur.
Qui ſait conſoler une belle,
Devient aiſément ſon vainqueur.

É O L E.

Plus promts que le tonnerre,
Aux extremités de la terre,
Mes Aquillons vont le porter.

P A L É S.

Remettés dans mes mains ce rival redoutable ;
Et de l'Aurore inconſolable
Je prendrai ſoin de l'écarter.

É O L E.

Vous éclairés, & vous calmés mon âme,
A vos ſages conſeils je dois m'abandonner ;
Je vous laiſſe le ſoin de conduire ma flâme ;
Du ſort de mon rival c'eſt à vous d'ordonner.

(*Les Aquillons paroiſſent.*)

Fiers Aquillons, ſoûmis à mon obéiſſance ;

Allés, jusqu'où le jour commence,
Chercher Titon, mon rival odïeux :
    Qu'il foit remis fous la puiffance
De la Divinité qu'on adore en ces lieux.

(ÉOLE, & les Vents partent pour enlever TITON.)

SCÊNE VI.

PALÈS, feule.

Quel fuccès quel bonheur ! enfin rien ne l'égale !
    Je fais, dans le même moment,
    Verfer des pleurs à ma rivale,
    Je fauve, & j'obtiens mon amant.
Quel fuccès quel bonheur ! enfin rien ne l'égale !

    Tout favorife dans ce jour
    Mes feux & ma vengeance.
    Que l'Aurore éprouve à fon tour,
      Et les tourments de l'abfence,
      Et les rigueurs de l'amour.

    Tout favorife dans ce jour
    Mes feux & ma vengeance.

FIN DU PREMIER ACTE.

ACTE SECOND.

Le Théâtre repréfente une Vallée agréable, le Palais de l'Aurore dans le lointain, & des Grottes dans un des côtés du Théâtre.

SCÉNE PREMIERE.

l'AURORE, feule.

DEVOIS-JE, Amour, de tant de larmes
Payer tes premieres douceurs?
N'ai je donc goûté tous tes charmes,
Que pour mieux fentir tes rigueurs?

Un pouvoir jaloux me fépare
Du feul objet qui me charmoit;
Eft-il un deftin plus barbare!
Je perds tout ce que j'aime, & tout ce qui m'aimoit.

Devois-je Amour, &c.

S C Ê N E I I.

L'AURORE, ÉOLE.

É O L E.

L'Inftant où l'on perd ce qu'on aime
Je le fens bien, doit être affreux.
Je ne fais que trop par moi-même,
Ce que peuvent fouffrir les amants malheureux.

L' A U R O R E.

Rien ne pourra jamais effacer de mon âme
Le fentiment de mon malheur.
Titon fût conftant dans fa flâme,
Je le ferai dans ma douleur.

É O L E.

Adorable & jeune Immortelle,
Prenés une chaîne nouvelle,
Que la Parque à fon gré ne puiffe pas brifer.

L' A U R O R E.

Titon n'eft plus ! Dieux, que viens-je d'entendre ?
Cruël Amour ! aurois-je dû m'attendre
Aux maux que tu vas me caufer ?

É O L E.

É O L E.

Quelque foit fon deftin, il n'a que trop de charmes ;
Je porte envie à fa félicité ;
Et je renoncerois à l'immortalité,
Pour être, comme lui, le fujet de vos larmes.

L' A U R O R E.

Ah ! laiffés-moi gémir en paix.

É O L E.

Vous ne le reverrés jamais.

L' A U R O R E.

Tu m'en réponds, perfide ! & tu cèffes de feindre :
Je dois ceffer de me contraindre.
Je l'aimerai toûjours, autant que je te hais.

Elle fort.

É O L E.

Va, tu peux renoncer à cet amant fidele,
Objet de tes mépris, je n'écoute plus rien ;
C'en eft fait, il mourra, cruëlle !
Je veux rendre ton fort du-moins égal au mien.

D

SCÈNE III.

ÉOLE, PALÈS.

PALÈS.

AVés-vous adouci les regrèts de l'Aurore ?
La rendrés-vous fenfible à votre ardeur ?

ÉOLE.

Titon trïomphe, elle l'adore ;
Livrés ce vil berger à toute ma fureur !

PALÈS.

Avant de l'immoler, confultés votre cœur.

ÉOLE.

Mon cœur ne connoît plus qu'une haîne impla-
cable !

PALÈS.

N'éxigés pas de moi le facrifice affreux
Qu'un moment de fureur vous peint trop agréable.
Sans ceffer d'être malheureux,
Vous n'en feriés que plus coupable.

ÉOLE.

Vous prétendés en vain le protéger ;
Je faurai bien, fans vous, le perdre, & me venger.

SCÊNE IV.

ÉOLE, PALÈS, VENTS.

ÉOLE.

Vents furieux, sortés de la grotte profonde,
Où mon pouvoir vous tient aux fers.

CHŒUR.

Sortons de la grotte profonde,
Où son pouvoir nous tient aux fers.

ÉOLE.

Sur les pâles humains que le tonnerre gronde;
Troublés le sein des mers;
Qu'à mes commandements votre fureur réponde;
Ravagés l'Univers;
Ébranlés, renverfés les fondements du monde.

CHŒUR.

Sur les pâles humains que le tonnerre gronde;
Troublons le sein des mers;
Qu'à ses commandemens notre fureur réponde;
Ravageons l'Univers;
Ébranlons, renverfons les fondements du monde.

On danfe.

D ij

É O L E, *aux Vents.*

Partés ; & que Titon éprouve ma fureur !

P A L È S.

(*Aux Vents.*)	(*à ÉOLE.*)

Arrêtés ! Il eft tems de vous ouvrir mon cœur.
Ce rival odïeux, que pourfuit votre rage ,
Titon , hélas ! eft mon vainqueur.

É O L E.

Quoi, vous l'aimés ! Songés qu'il vous outrage !
Ah ! loin d'arrêter mon couroux,
Pour le punir , uniffons-nous.

P A L È S.

Les Bergers font foûmis à mon obéiffance,
Et Jupiter me laiffe arbître de leur fort ;
Mais avant d'éxercer fur Titon ma puiffance ,
Je veux , pour l'attendrir , faire un dernier effort.

É O L E.

Je vois que votre cœur balance :
De l'amour méprifé font-ce-là les fureurs ?

P A L É S.

Vous en connoiffés les horreurs,
Et vous doutés de ma vengeance ?

Allés, Titon paroît; & je vais en ce jour
    Tout tenter pour brîser fa chaîne :
    S'il fe refufe à mon amour,
    Il fentira tout ce que peut ma haîne.

SCÈNE V.
TITON, PALÈS.

Nimphes de fa fuite. Faunes & Silvains,
commis à la garde de Titon.
PALÈS, à Titon.

Berger, je connois vos malheurs,
Et je partage votre peine.
(*à fa fuite.*)
    Vous, qu'en ces lieux mon ordre amene,
Employés tous vos foins à calmer fes douleurs.
Des charmes de l'Amour vantés - lui la puiffance;
Effayés dans vos jeux de peindre fes douceurs.
Puiffe-t-il, en voyant les plaifirs qu'il difpenfe,
    Oublier fes rigueurs!

                            On danfe.

Une Nimphe avec le Chœur.

    L'Amour vous appelle,
    Pour vous rendre heureux;

D'une ardeur nouvelle
Reſſentés les feux.
Les Ris & les Grâces,
Les tendres Deſirs,
Marchent ſur les traces
Du Dieu des plaiſirs.

L'Amour vous appelle
Pour vous rendre heureux;
D'une ardeur nouvelle
Reſſentés les feux.

Tout ce qui reſpire
Chérit ſes faveurs;
Son charmant empire
N'offre que des fleurs.
Qui l'évite,
Mérite
Toutes ſes rigueurs.

L'Amour vous appelle
Pour vous rendre heureux;
D'une ardeur nouvelle
Reſſentés les feux.   *On danſe.*

U n e N I M P H E.

Que je plains les cœurs amoureux!
La conſtance eſt un long martire,

Près d'un objet volage, ou rigoureux :
Jeunes cœurs que l'Amour infpire,
Ne prenés du tendre délire ,
Que ce qu'il faut pour être heureux.

On danfe.

UNE NIMPHE.

Ce ruiffeau qui dans la plaine ,
Roule, en murmurant fes eaux,
Dans la pente qui l'entraîne,
Arrôfe mille arbriffeaux.
Voyés le Zéphir volage ,
Et le Papillon leger ;
Chaque fleur reçoit l'hommage
De leur amour paffager.
L'inconftant, de l'efclavage
Ne craint jamais le danger ;
Tout dit qu'il faut qu'on s'engage ,
Et tout dit qu'il faut changer.

On danfe.

UNE NIMPHE & le CHŒUR.

Amour , lance dans nos âmes
Sans-cèffe de nouveaux traits;

Plus nous éprouvons tes flâmes,
Plus nous goûtons tes bienfaits.

La conſtance dans la vie
Ne cauſe que des ſoûpirs;
L'inconſtance n'eſt ſuivie,
Que des jeux & des plaiſirs.

On danſe.

SCÊNE VI.

TITON, PALÈS.

PALÈS, à TITON.

Rien ne peut diſſiper l'ennui qui vous dévore,
Et votre cœur ſe plaît à le nourir.

TITON.

Ah! rendés - moi l'Aurore,
Ou laiſſés-moi mourir.

PALÈS.

C'eſt trop entretenir une vaine tendreſſe;
Oubliés juſqu'au nom d'une ingrate Déèſſe;
L'Aurore

L'Aurore vous trahit, & son volage cœur
Choisit Éole pour vainqueur.

T I T O N.

Non, rien ne peut éteindre une flâme si belle.
Tendre & constante dans son choix,
Elle m'a juré mille fois
De n'être jamais infidele.

P A L È S.

Dans le premier feu des amours,
Chaque amant le jure de même :
Au moment heureux où l'on aime,
On croit qu'on aimera toûjours.

T I T O N.

Hélas !

P A L È S.

Cessés d'aimer qui vous outrage ;
Dans des nœuds plus constants, que votre cœur
s'engage.

T I T O N.

Est-il maître de s'engager ?
Ainsi que mon malheur, ma constance est extrême.
Ah ! si l'Aurore a pu changer,
Toute autre changeroit de même.

E

P A L È S.

Savés-vous qui vous refusés ?

T I T O N.

Je fais que j'aime, & c'est assés.

P A L È S.

Soyés libre, volés vers l'objet plein de charmes
Qui vous fait à mes yeux répandre tant de larmes.
Vous connoîtrés, avant la fin du jour,
Quel interêt je prends à votre amour.

T I T O N fort.

SCÊNE VII.

P A L È S, seule.

Tu vas sentir les effèts de ma rage !
Titon, que sur tes sens glacés
La vieillesse terrible éxerce son ravage :
Que de tes yeux les rayons effacés
Rencontrent, sans le voir, l'objet de ton hommage.
Que vos cœurs déchirés, nouris de vains soûpirs,
Gémissent dans de tristes chaînes ;
Et ne rapellent leurs plaisirs,
Que pour mieux ressentir leurs peines !

FIN DU SECOND ACTE.

ACTE TROISIEME.

Le Théâtre réprésente le Hameau natal de Titon,
& une Fontaine.

SCÈNE PREMIERE.

ÉOLE, PALÈS.

ÉOLE.

Avés-vous trïomphé du rival que j'abhorre ?

PALÉS.

Mes bienfaits, mon amour, rien n'a pu l'attendrir ;
L'ingrat n'a prononcé que le nom de l'Aurore.

ÉOLE.

Attendés - vous pour le punir
Qu'il vous méprife encore ?

P A L È S.

Ne craignés aucun retour,
Je viens de brîser ma chaîne.
Je fens mille fois plus de haîne,
Que je n'ai reffenti d'amour.

É O L E.

Pour le fauver, vous cherchés un détour.
Non, je n'écoute plus que la fureur extrême
De mon cœur outragé.
Quand on veut être bien vengé,
Il eft plus fûr de fe venger foi-même.

P A L È S , en montrant T I T O N *endormi.*

Connoiffés votre erreur.

É O L E.

Auriés-vous prévenu ma rage ?

P A L È S.

D'un indigne rival voyés l'affreux partage.

É O L E.

Mais il refpire encor !

P A L È S.

Pour fervir ma fureur,
Il faut que rien n'égale

Les barbares effèts de ma haîne fatale :
Je veux qu'à son réveil les ombres de la mort
Ne lui laiffent que l'intervale
De déplorer les horreurs de son fort,
Et qu'il expire enfin aux yeux de ma rivale !

ENSEMBLE.

Ah, quel plaifir dans nos malheurs,
De caufer de vives allarmes !
L'Amour a bien moins de douceurs,
Que la vengeance n'a de charmes.

PALÉS.

L'Aurore va bientôt paroître dans ces lieux ;
Pour l'obferver, cachons-nous à fes yeux.

Ils fortent.

SCÊNE II.

TITON, *feul, regardant dans la fontaine.*

QUe vois-je ? Suis-je prêt à finir ma carrière ?
Mes pas font chancelants, je tremble, je pâlis ;
Un nüage effrayant dérobe la lumière
A mes yeux affoiblis.
Par quel charme funefte ,

O Parque, de mes ans abrege-tu le cours ?
　　　　Barbare, acheve ! de mes jours
Moiſſonne, par pitié, le deplorable reſte !
　　　　Les maux que tu me fais ſouffrir
　　　　Sont plus cruëls que la mort même.
　　　　Ah, qu'on eſt heureux de mourir,
　　　　Quand on a perdu ce qu'on aime !

SCÊNE III.

TITON, L'AURORE.

L' A U R O R E.

C'Eſt la voix de Titon, c'eſt elle que j'entends ;
Que mon cœur eſt ému de ſes tendres accents !
Titon. . . . .

T I T O N.

　　　　Épargnés-vous un ſpectacle effroyable ;
Oubliés, belle Aurore, un amant miſerable,
Que les Dieux ont puni de ſa fidelité.

L' A U R O R E.

Quelle injuſtice, o Ciel ! & quelle crüauté !

T I T O N.

De mes ſens affoiblis à-peine ai-je l'uſage ;

Je ne vois plus la lumière des Cieux :
Des mes traits, effacés par la haîne des Dieux,
Je n'ai pas confervé la plus legere image.
Pouvés-vous reconnoître un objet odïeux ?

L' *A U R O R E.*

Mon cœur t'a reconuu, fans le fecours des yeux.

T I T O N.

Aimé de vous, mon fort étoit digne d'envie :
 Je meurs ; je ne méritois pas
Tous les tourmento dont ma flâme eft fuivie.
Ah, puifque vous donnés des pleurs à mon trépas,
 Que je dois regretter la vie !

L' *A U R O R E.*

Des deftins ennemis je fufpendrai les coups.

T I T O N.

Ils vont me féparer de vous.

L' *A U R O R E.*

Me féparer de toi ! cher amant, que j'adore !
Non, rien ne peut t'arracher à l'Aurore !
Et j'irai, s'il le faut, te fuivant aux enfers,
 Les éclairer, pour y porter mes fers !

T I T O N.

Au-delà du trépas vous me ferés fidele !

L'AURORE.

Puiſſant Dieu des amours,
J'implore ton ſecours ;
Protége une flâme ſi belle,
Termine mon tourment !
Eh, que me ſervira, grand Dieu ! d'être immortelle,
Si je perds mon amant ?

(*On entend un prélude.*)

Quels ſons harmonïeux ? Quelle clarté nouvelle ?...
Tout annonce qu'un Dieu deſcend dans ce ſéjour...
Un doux eſpoir ſuccede à ma douleur cruëlle ....
Ce n'eſt jamais en vain qu'on implore l'Amour.

SCÊNE IV.

L'AMOUR, *environné de ſa Suite, deſcend dans une Gloire,* TITON, L'AURORE,

L' *AMOUR.*

NE craignés plus la jalouſe vengeance
De Palès & du Dieu des Vents ;
Je prends contre eux votre deffenſe,
Et je rendrai leurs efforts impuiſſants.

Titon va recevoir l'heureuſe récompenſe
Que j'accorde aux parfaits amants.

Puiſque

Puifque j'ai caufé fes tourments,
Je veux couronner fa conftance.

L'AURORE.

O Ciel !

TITON, *rajeuni.*

Quel Dieu m'anime & me rend la clarté ?

(à l'Amour.)

C'eft vous, puiffant Amour ! c'eft vous Dieu que
   j'adore.
Vous deviés ce prodige à ma fidélité,
   Et j'en dois l'hommage à l'Aurore.

L'AURORE.

Tendre Amour, charmant vainqueur,
Vous me rendés ce que j'aime.
Rien n'égale mon bonheur,
Je le dois à l'Amour même.

L'AMOUR à TITON.

Le Deftin dans les Cieux,
Vous place au rang des Dieux.
Votre bonheur, vos flammes mutuëlles
N'ont plus de terme limité.
Eh ! qui peut mieux prétendre à l'immortalité
   Que les amants fideles ?

TITON & L'AURORE.

Amour, après tant de bienfaits
Des cœurs reconnoiffants nous ferons le modele:

Pour célébrer votre gloire à-jamais,
Nous brûlerons d'une flâme éternelle.

L'AMOUR.

De deux parfaits amants occupés les loisirs,
Chantés aimables Jeux, ma gloire & leurs plaisirs.

SCÊNE V.

L'AMOUR, L'AURORE, TITON,
Suite de L'AMOUR.

TITON, L'AURORE & le CHŒUR.

Chantons la gloire & la puissance
Du Dieu qui regne sur les cœurs.
Qu'il trïomphe, qu'il lance
Ses traits vainqueurs.

L'AURORE.   *On danse.*

La Tourterelle,
Tendre & fidele,
Pour notre cœur
Est un modele.
Vous, que l'Amour appelle,
Aimés comme elle ;
Que votre ardeur
Soit éternelle.

Craignés d'être infidele
Dans une dépit trompeur :
Une chaîne nouvelle
N'eſt qu'une douce erreur :
Une conſtance mutuëlle
Des vrais amants fait le bonheur.

La Tourterelle, &c.   *On danſe.*

T I T O N.

Du Dieu des cœurs,
On adore l'empire :
Lui ſeul avec des fleurs,
Enchaîne tout ce qui reſpire.

Quand le maître des Dieux
S'annonce ſur la terre,
Il fait, du haut des Cieux,
Éclater ſon tonnerre.

Du Dieu des cœurs, &c.

(*Un Divertiſſement général termine la Paſtorale.*)

F I N.

APPROBATION.

J'Ai lu, par ordre de Monſeigneur le Chancelier, uue réimpreſſion de *Titon & l'Aurore, Paſtorale-Heroïque.* A Paris ce 4 Février 1763.
DEMONCRIF.

9 782329 656410